Sérieusement drôle

Halloween

Nikalas Catlow
Tim Wesson

Texte français d'Isabelle Allard

Éditions
SCHOLASTIC

AVERTISSEMENT!

Ce livre est sérieusement drôle!

Formes fantômes

Transforme ces
silhouettes en fantômes
et spectres sinistres.

Il est derrière les barreaux!
Ne pas nourrir!
Pas très amical!
VA-T'EN!

Vampires et cercueils

Les vampires sont fatigués et veulent faire une sieste. Associe chaque vampire à son cercueil.

1

2

3

4

5

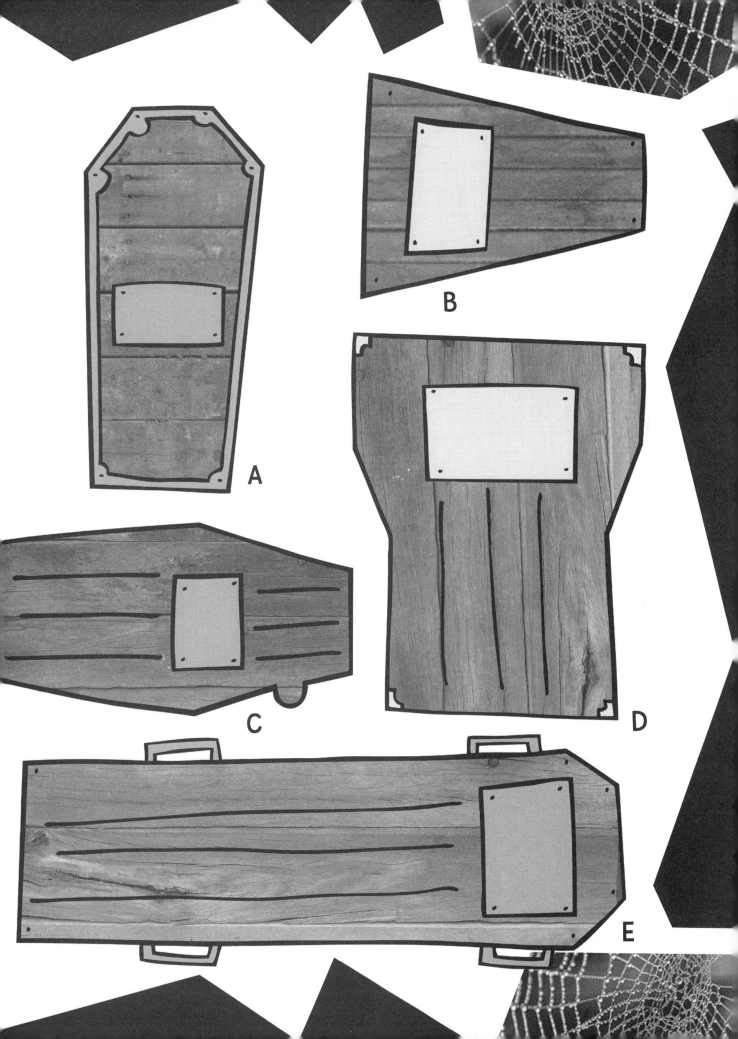

A

B

C

D

E

Effroyables objets

Cédric Ciseaux

Tatiana Latasse

Dessine des objets quotidiens et transforme-les en personnages lugubres!

Dessine-les ici!

Dessine Vlad le Vampire

On a commencé pour toi.

Regarde-moi!

Salut, je suis Ovide Osseux.

Observe cette image environ une minute, puis tourne la page.

Voyons si tu peux dessiner de mémoire
l'image de la page précédente.

Sans tricher!

Sudofantôme

2			
		4	
	1		
			3

Complète les 4 cases de chaque rangée, colonne et minigrille afin qu'elles contiennent les chiffres 1, 2, 3 et 4.

La sorcière désenchantée

Écris l'histoire!

Arrivée

Le cadeau d'Igor

Tour de main

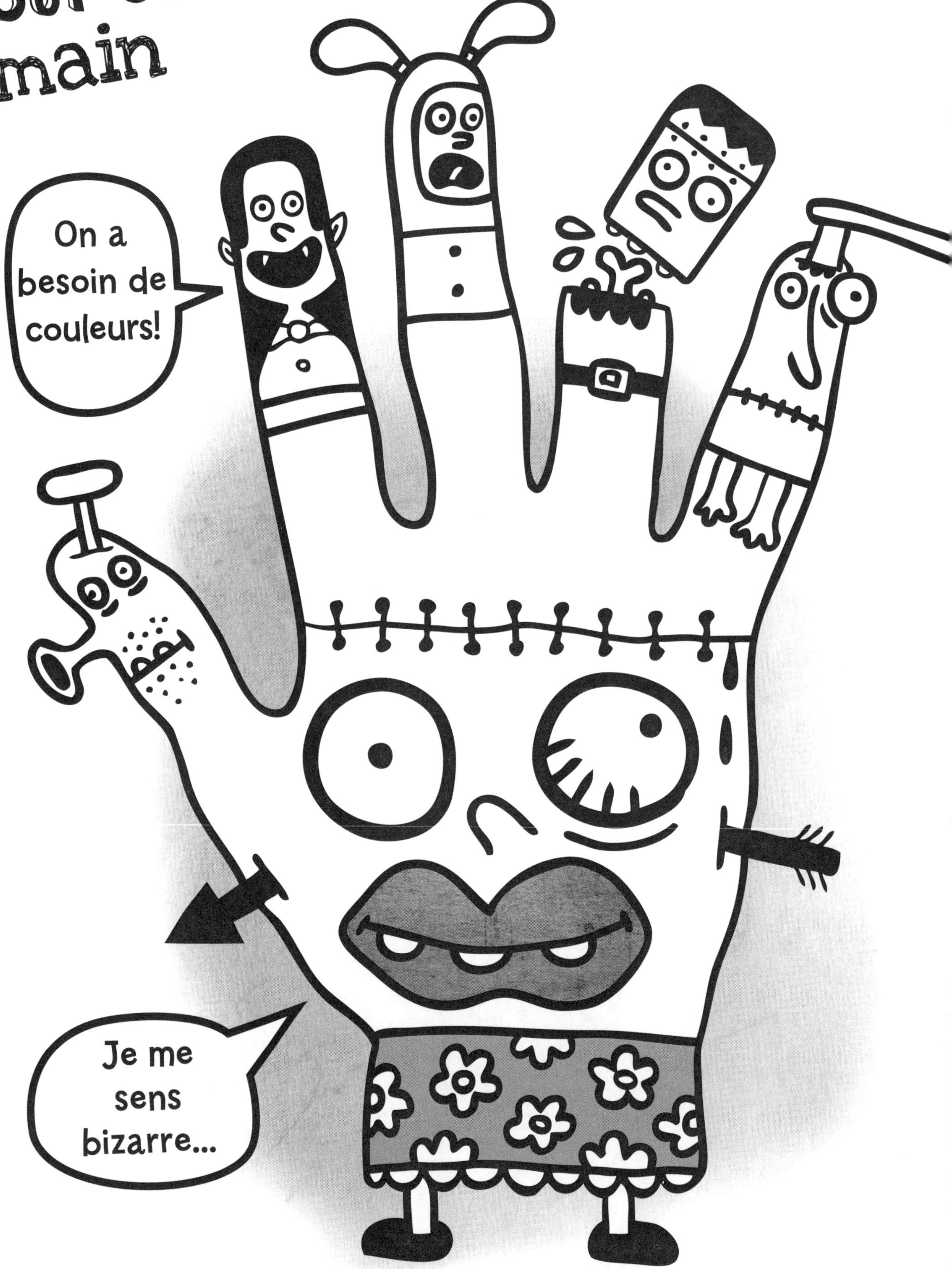

Trace le contour de ta main et rends-la macabre!

Ajoute un arrière-plan!

Peux-tu dessiner cette sorcière sans soulever ton crayon de la page?

Le labo de Frankenstein

OU

avoir la tête enrobée de miel et enfoncée dans une fourmilière?

Dessine ta tête ici.

Ajoute des centaines de fourmis affamées.

Peux-tu dessiner ce squelette sans soulever ton crayon de la page?

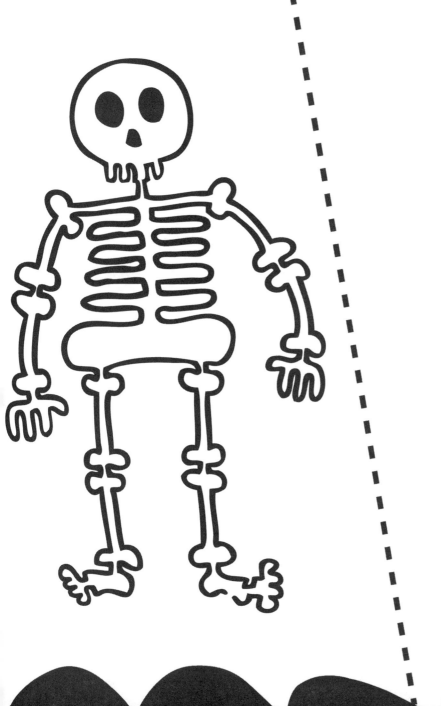

Quels mauvais sorts lancent la sorcière et le sorcier?

Mots croisés Zombies

Horizontalement
3. Clin d'_____
5. Long tube sous l'estomac
7. Le squelette en est constitué
8. Membrane dans l'oreille
9. On en a dix

Verticalement
1. En haut des sourcils
2. Il pompe le sang
4. Cavités de l'os du visage
6. Elles permettent de respirer

Maison à hanter

Portraits lugubres

Qui fait craquer les marches?

Dessine des chauves-souris.

Qu'y a-t-il sous le plancher?

Cuisine Zombie

Bonjour! Bienvenue à Cuisine Zombie, avec votre animateur, Dr Frankensaucisse...

Aujourd'hui, je vais vous montrer comment faire un zombie. Il faut d'abord une tête (n'importe laquell

Ajoutez des globes oculaires (vous pouvez mélanger les couleurs).

Trouvez un cerveau bien spongieux. Si vous n'en avez pas, prenez une vieille chaussette.

Combinez à un corps et des jambes, avec des chaussures assorties de préférence...

Si les jambes sont de différentes longueurs, coupez-les à la bonne taille.

Les bras sont facultatifs, mais ils sont utiles pour tenir des choses ou pour gesticuler.

Tadam! Un zombie tout neuf, fait en moins de 30 minutes avec des restants!

Gribouillis

Ajoute des os!

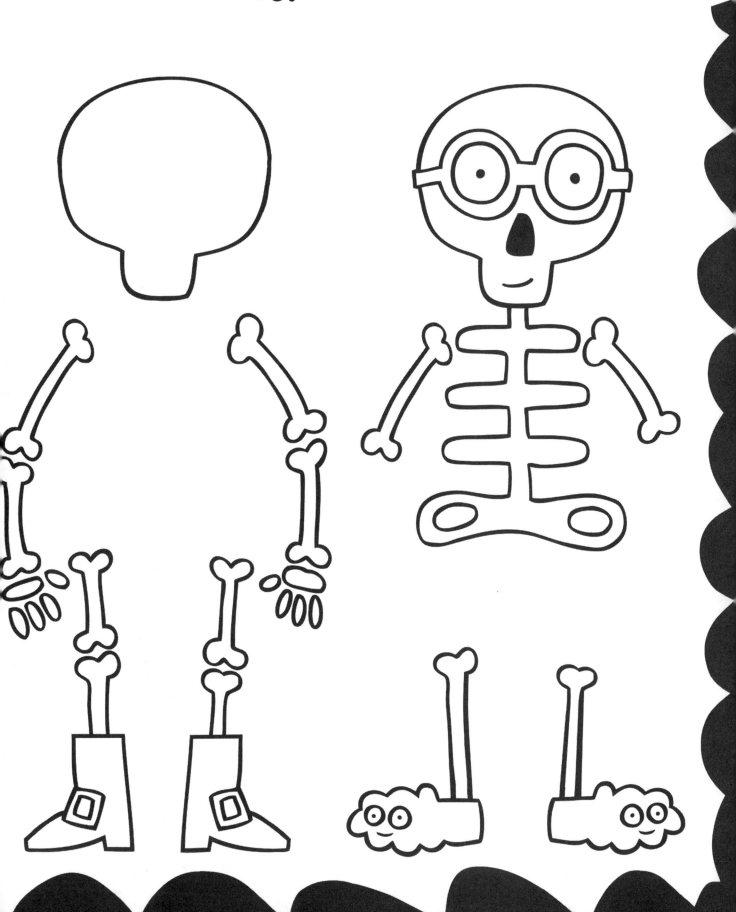

Qui est le meilleur?
C'est toi qui
décides!

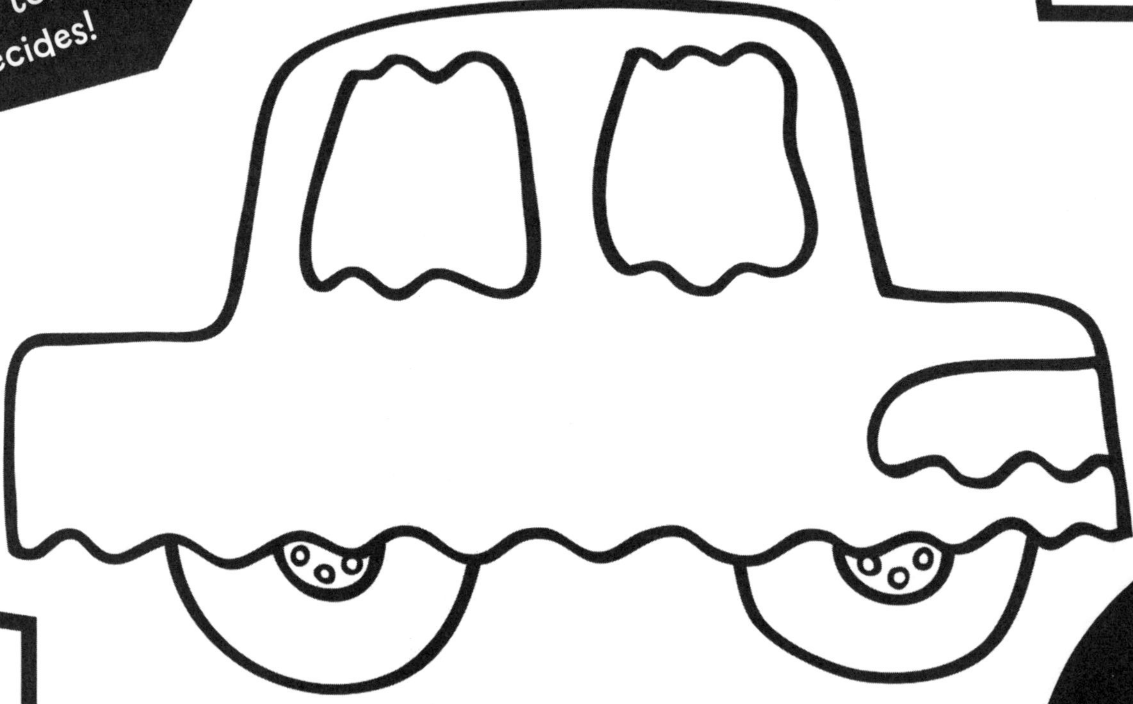

Fantômobile

Spécialité : Invisibilité — 65

Arme secrète : ______ — ◯

Force : ____________ — ◯

Activité préférée : __________

____

re

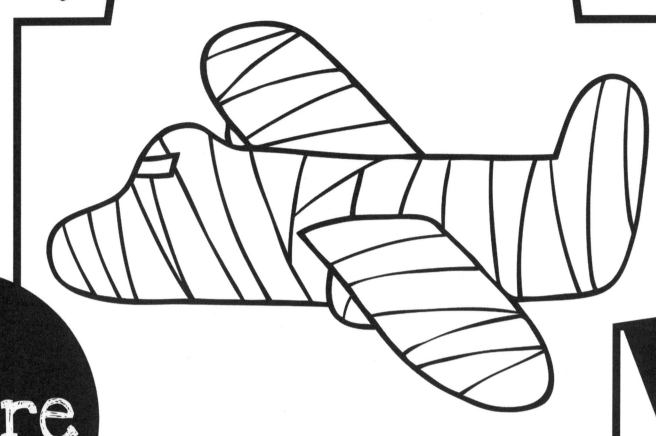

Avion-momie

Spécialité : Attaque en vrille ———— 65

Arme secrète :_ _ _ _ _ _ _

Force :_ _ _ _ _ _ _ _ _ _ _ _

Activité préférée :_ _ _ _ _ _ _ _ _

_ _ _ _ _ _ _ _ _ _ _ _ _ _ _ _ _ _

Jambes spectrales

Dessine les corps et les têtes.

Fred sans tête

Fred a besoin d'une tête...

Il cherche partout pour en trouver une.

Il trouve cette tête trop sportive.

Celle-ci est trop bruyante!

Celle-ci est trop douce.

Trop plate. Personne ne voudra lui parler.

Trop intellectuelle.

Ah! Parfait! Voilà une tête BRANCHÉE!

Arrête les zombies en bobettes!

Une banane dans l'oreille

De la crème fouettée sur la tête

Utilise des armes aussi farfelues que rigolotes!

Le vieux truc de la pelure de banane

Une carotte en plein cœur

Oh non!

Un vampire a avalé un cheval en aspirant son sang!

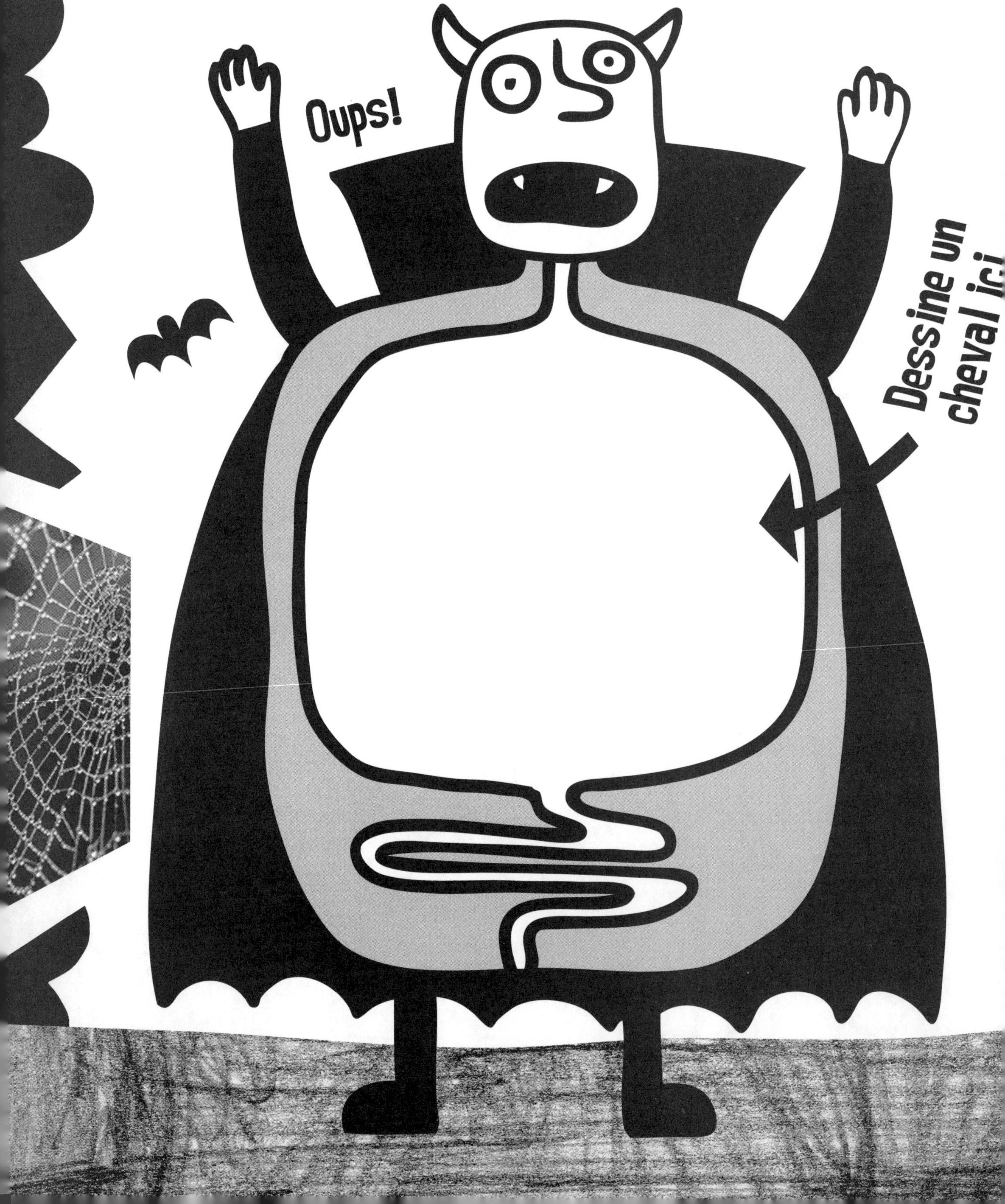

Deviendra-t-il un cheval-vampire ou une grosse crotte?

Décide et dessine!

Super sorts!

Jette des sorts époustouflants!

Recette de sortilège

1. chaussette puante

Recette de sortilège

1 pincée de pellicules de loup-garou

Pattes en délire!

Donne-leur des jambes drôlement effrayantes!

Monstre

macabre

Co

Spécialité : Prise de l'étau —— 80

Arme secrète : _ _ _ _ _ _ _

Force : _ _ _ _ _ _ _ _ _ _ _

Victime préférée : _ _ _ _ _ _ _ _ _ _

_ _ _ _ _ _ _ _ _ _ _ _ _ _ _ _ _ _ _

Lapin Zombie

Spécialité : Increvable ——80

Arme secrète : _ _ _ _ _ _ _

Force : _ _ _ _ _ _ _ _ _ _ _

Victime préférée :_ _ _ _ _ _ _ _ _ _

_ _ _ _ _ _ _ _ _ _ _ _ _ _ _ _ _

L'usine de Frankenstein

Complète les corps.

Mots croisés d'Halloween

Horizontalement
3. Elle jette des sorts
4. Ils se nourrissent de sang
6. On en mange à l'Halloween
10. On en fait des lanternes
11. Il cache le visage
12. Elle est bien conservée

Verticalement
1. Courageux
2. Elle tisse sa toile
5. Ils hantent les maisons
7. Il est fait d'os
8. Ils sortent des tombes
9. Il a des cornes et une queue fourchue

Regarde-moi!

Observe ce zombie environ une minute,
puis tourne la page.

Maintenant...

Voyons si tu peux dessiner de mémoire l'image de la page précédente.

Sans tricher!

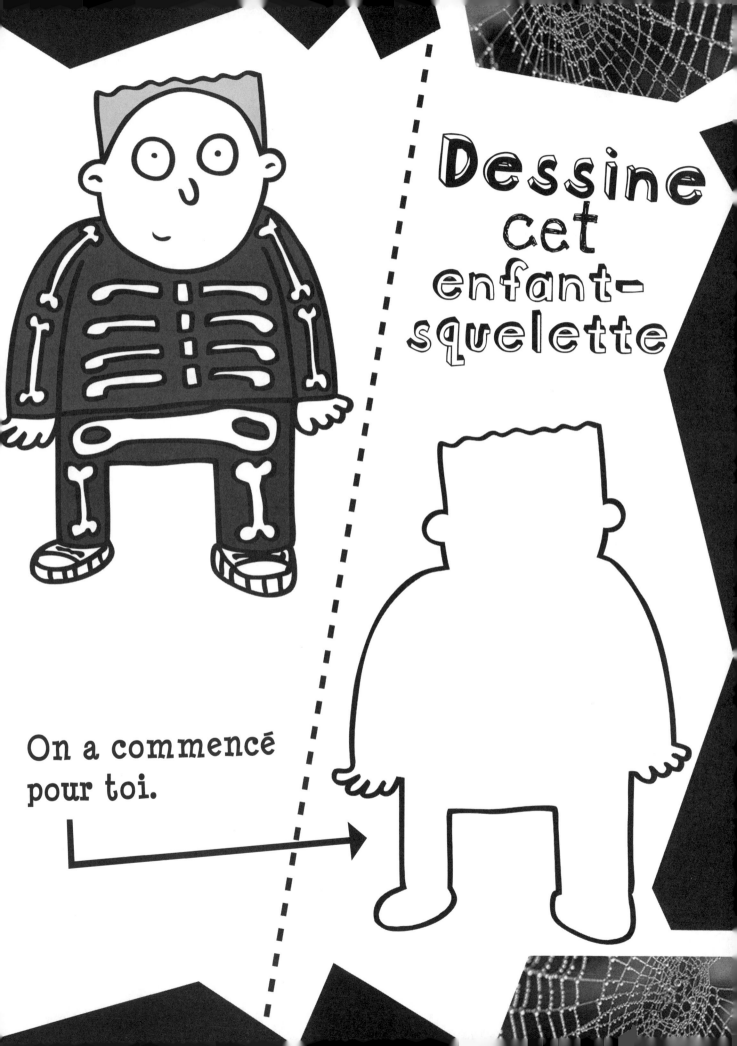

Dessine cet enfant-squelette

On a commencé pour toi.

Qu'y a-t-il sous ces chapeaux flottants?

Maintenant, voici une... # histoire d'Halloween **sérieusement drôle**

Gustave passe ses vacances en Transylvanie. Il roule en voiture à la campagne.

Il commence à faire noir, alors il décide de trouver un endroit où passer la nuit. Il tourne sur une route tortueuse qui passe à travers un _____, puis longe un vieux cimetière et un potager. Il arrive enfin à un château sinistre et délabré.

Des chauves-souris et des

_____.

Remplis les espaces avec des trucs abracadabrants.

volent autour des tourelles. On entend un _____ au loin.

Gustave avance jusqu'à la porte et appuie sur la sonnette. Au lieu de *ding, dong*, il entend

_____.

L'énorme porte cloutée s'ouvre en grinçant pour révéler un petit

homme très laid, à la peau verdâtre,
avec une _____
sur la tête.

– Je-je-je cherche un endroit où
d-d-dormir, balbutie Gustave.
L'homme le conduit en haut d'un grand
escalier couvert de toiles d'araignée et de
_____. Il le fait entrer dans une
chambre où se trouve un lit à baldaquin.

Cette nuit-là, Gustave rêve qu'il est poursuivi
par une courgette suceuse de sang, puis il rêve à
_____. Ensuite,
il se fait réveiller par une carotte géante aux
dents pointues!

– AAAAAAH! crie Gustave quand le légume
diabolique enfonce ses terribles crocs dans son cou.
Le lendemain, en ouvrant les yeux, Gustave
s'aperçoit que ses jambes sont devenues
des racines noueuses, que sa peau
est _____ et qu'il a
terriblement envie de boire
du jus de légumes!

FIN

HOUUUUU!

Départ

Comment dessiner Igor en quatre étapes...

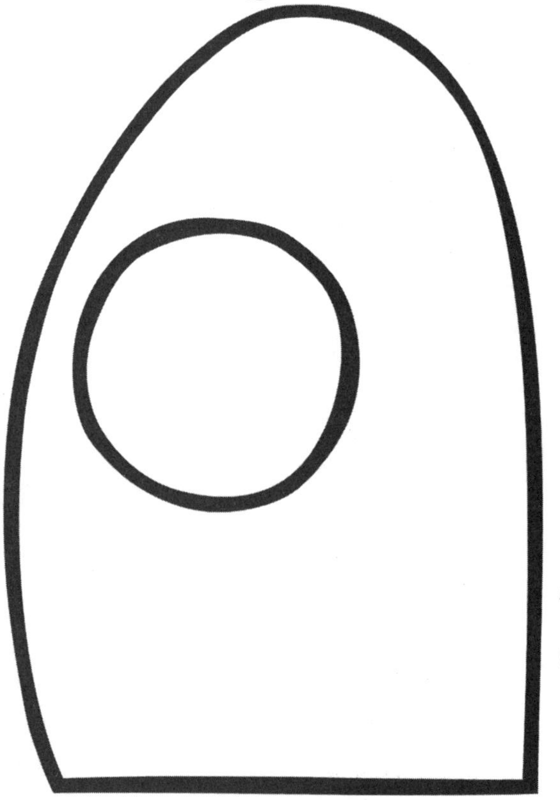

1

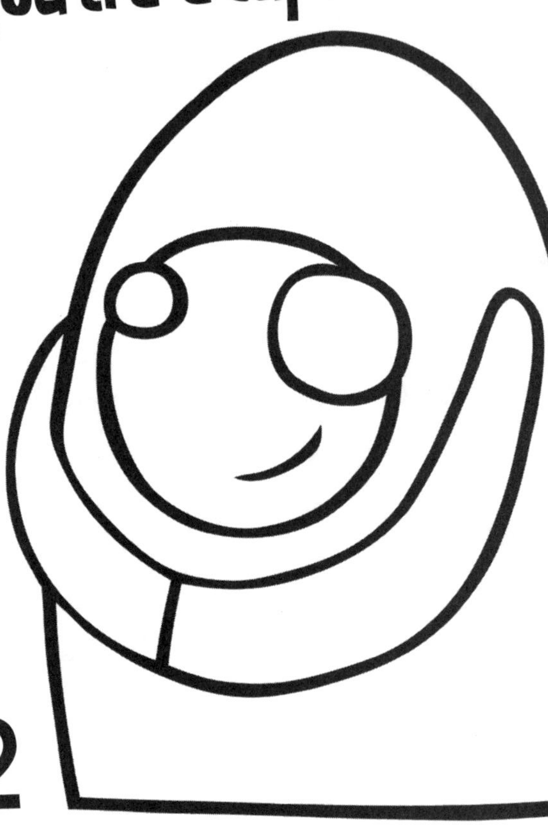

2

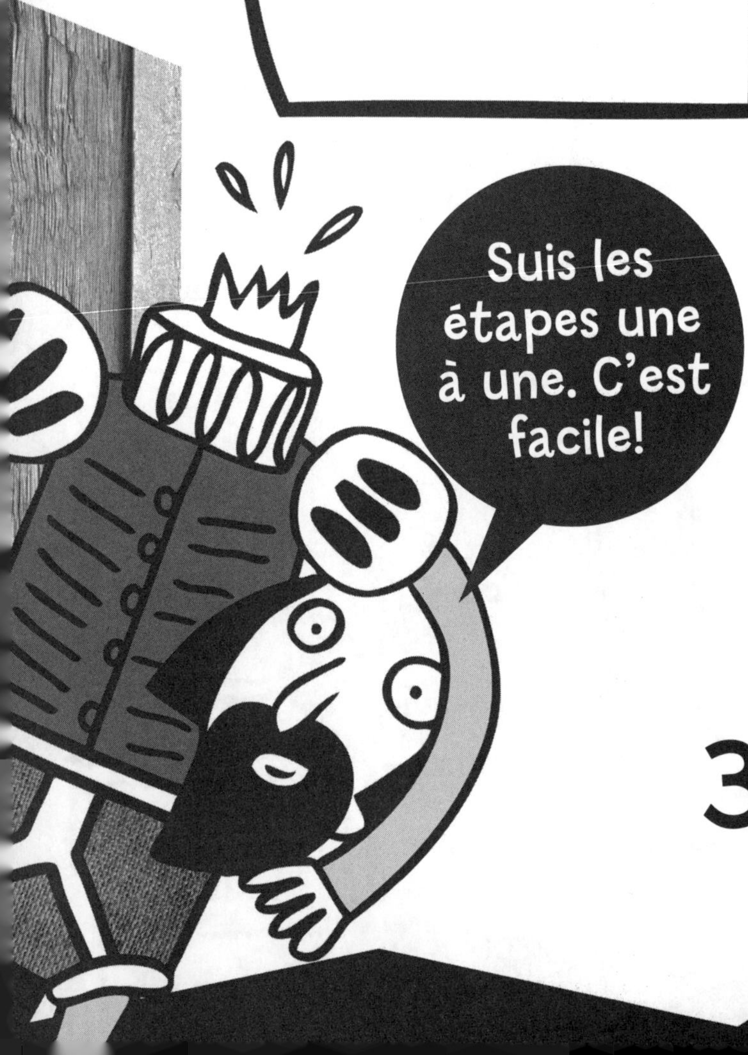

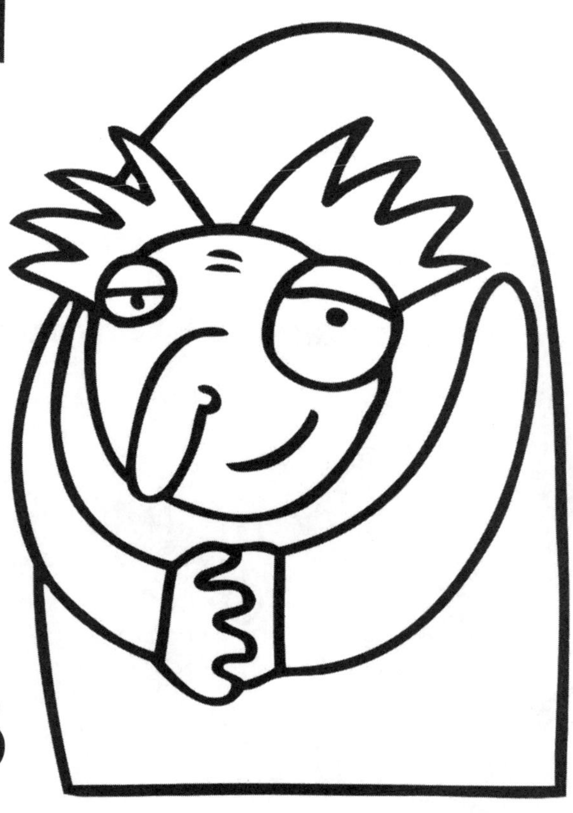

3

Quand tu auras dessiné Igor, colorie-le et ajoute des détails macabres.

Crée ton propre Igor ici.

4

Gaston Gargouille

Gaston est en pierre. Il est fixé à l'église du village.

Beaucoup de gens passent par là. Gaston aime la vue.

Après des centaines d'années, Gaston remarque que les gens ne viennent plus.

L'église est devenue une ruine, loin de la nouvelle ville.

Un soir, il y a un orage. Gaston est frappé par la foudre.

Après l'orage, il s'aperçoit qu'il peut bouger ses pattes et battre des ailes.

Il s'envole et quitte son église pour la première fois.

Il vole si haut que l'église est toute petite.

Il vole si bas qu'il frôle le gazon.

Il vole vers la nouvelle ville...

... et s'installe sur la nouvelle église.

Il regarde les gens passer...

... et finit par redevenir en pierre.

FIN